LES CHERCHEURS DE DIEU

TOME 8

SAINT PAUL, LE VOYAGEUR

Scénario : Benoit Marchon
Dessins : Dominique Cordonnier
Couleur : Véronique Grobet
Couleur de la couverture : Christine Couturier
Lettrage : Pascale Lagarde et François Batet

BAYARD JEUNESSE

ISBN : 2.227.61106.5
Dépôt légal : février 1998
4e tirage

Loi 49956 du 16 juillet 1949 sur les publications desinées à la jeunesse.

N° d'impression : 88409-D
Imprimé et relié en France par Pollina s.a., 85400 Luçon

SAINT PAUL, LE VOYAGEUR

Saint Paul est devenu l'un des principaux disciples de Jésus, après avoir poursuivi avec acharnement les premiers chrétiens.

Sur le chemin de Damas

Saint Paul, de son vrai nom Saul, est né à Tarse, une ville du grand empire romain. Juif, il vient étudier sa religion à Jérusalem, quelques années après la mort de Jésus. C'est là qu'il devient un féroce ennemi des premiers chrétiens. Mais, un jour, Jésus lui apparaît sur le chemin de la ville de Damas. Paul se convertit aussitôt et devient l'un des principaux apôtres de l'Évangile.

Des voyages au péril de sa vie

Voyageur infatigable, il parcourt de nombreux pays autour de la mer Méditerranée, affrontant mille dangers et frôlant plusieurs fois la mort, pour annoncer le message de Jésus.

Des lettres pour mieux comprendre l'Évangile

Il écrit de nombreuses lettres (ou « épîtres ») aux premières communautés chrétiennes pour les aider à vivre leur foi. Ces épîtres font maintenant partie du Nouveau Testament, dans la Bible : les chrétiens les lisent encore aujourd'hui.

**« J'aurais beau avoir toute la connaissance de Dieu,
une foi à déplacer les montagnes,
j'aurais beau donner ma vie,
s'il me manque l'amour, cela ne sert à rien. »**

1. Jésus a été condamné à mort par les chefs religieux juifs, et exécuté par les Romains qui occupaient le pays. Il est sans doute mort le 7 avril de l'an 30.
2. Depuis des siècles, les juifs attendaient un Messie, un envoyé de Dieu. Pour certains, il serait un roi puissant. Pour d'autres, il amènerait la fin du monde.

1. C'est ainsi que les autres juifs appelaient les disciples de Jésus.
2. Paul est un nom romain. Son nom juif est Saül. Aujourd'hui, on l'appelle saint Paul.

1. Dans la Bible, les prophètes sont des personnes dont la vie et les paroles sont inspirées par Dieu.

Quelques mois plus tard..
Paul, tu as fait du bon travail! Tous les nazaréens de Jérusalem sont emprisonnés, ou en fuite!
Je ne fais qu'obéir aux lois de notre Dieu!
Mais tout danger n'est pas écarté! Cette lettre du conseil religieux de Damas, en Syrie, nous prévient que des nazaréens se réfugient dans cette ville
Paul, accepterais-tu de partir en mission à Damas?
D'accord! Les voyages ne me font pas peur! Je vous ramènerai tous ces nazaréens enchaînés!
Je vais te donner un ordre de mission. Tu pars tout de suite avec une petite troupe de gardes. Là-bas, tu logeras chez Jude.
Huit jours après...
Il est midi! Si on s'arrêtait à l'ombre pour manger?
Encore un petit effort. J'aperçois les remparts de Dam...
AAhh!

Paul!
Que lui arrive-t-il?
Il a peut-être une insolation!
Ça va?
Vous n'avez rien vu, rien entendu?
Non, rien de spécial.
Mais... je ne vois plus rien! Je suis aveugle!
Ça doit être le soleil! On va t'emmener chez un médecin.
Non, ce n'est pas la peine!
Bon... C'est toi qui donnes les ordres, après tout!
Nous entrons dans Damas.
Amenez-moi rue Droite, chez Jude. Et retournez à Jérusalem!
B... bien!
Tu es Paul de Tarse? Entre, je t'attendais.
J'ai été aveuglé en chemin. Je voudrais me reposer. Peux-tu me guider jusqu'à une chambre?

Voilà ! Veux-tu manger ou boire quelque chose ?
Non, non, je n'ai besoin de rien. Je veux être seul...
Je ne vois plus rien... je n'y comprends plus rien... J'ai vu une grande lumière qui m'a jeté à terre sur le chemin...
...Et j'ai entendu : "Paul, Paul, pourquoi me fais-tu tant de mal ?" J'ai bégayé : "Qui es-tu, Seigneur ?"
J'ai entendu : "Je suis Jésus de Nazareth que tu persécutes". Alors j'ai demandé : "Seigneur, que veux-tu que je fasse ?"
Il a répondu : "Relève-toi. Entre dans la ville. Là, tu sauras ce que tu dois faire car je t'ai choisi comme serviteur et comme témoin."
Comment est-ce possible ? Mon Dieu, aide-moi à y voir clair...
Paul reste ainsi trois jours sans manger ni boire.
6

Paul, quelqu'un insiste pour te voir. Il s'appelle Ananias.
Laisse-le entrer...
Ananias, j'ai fait un rêve où tu venais me voir...
Paul, mon frère, je suis un disciple de Jésus. Je sais que tu venais ici pour nous pourchasser.
Moi aussi, j'ai vu Jésus en rêve : c'est bien lui qui t'est apparu sur le chemin.
Et c'est lui qui m'envoie ici pour te rendre la lumière...
Je vois !... Je vois ! Ah ! Ah ! Ah ! Et puis j'ai faim ! J'ai même très faim !
Ananias, assieds-toi, et parle-moi de ta foi !
Plus tard...
Je crois tout ce que tu me dis ! Quand j'aurai retrouvé mes forces, je voudrais être baptisé pour devenir à mon tour disciple de Jésus !
Et bientôt...
Sois rempli de l'Esprit de Dieu et de la lumière de Jésus...
7

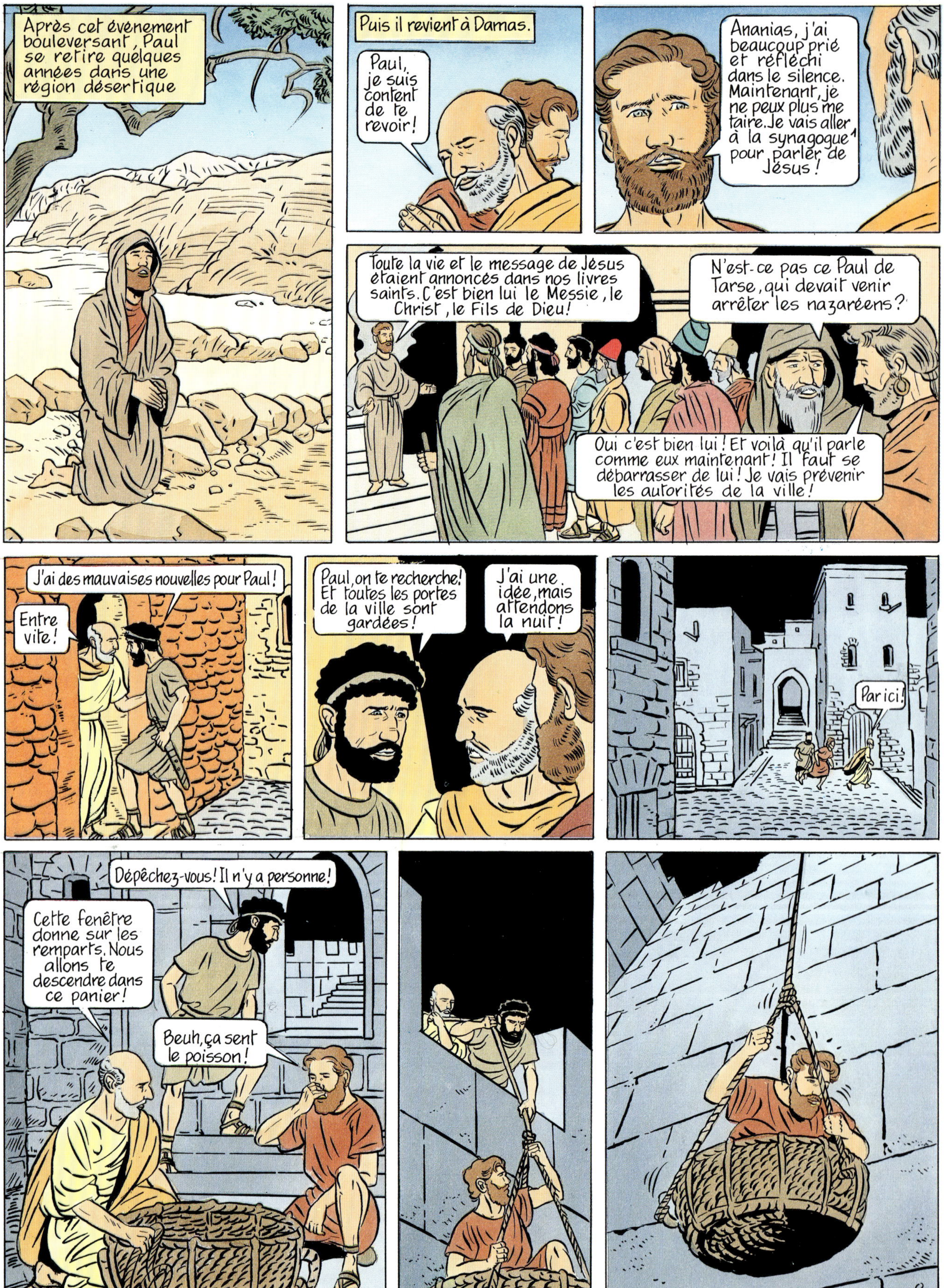

1. La synagogue est le lieu de réunion et de prière des juifs.

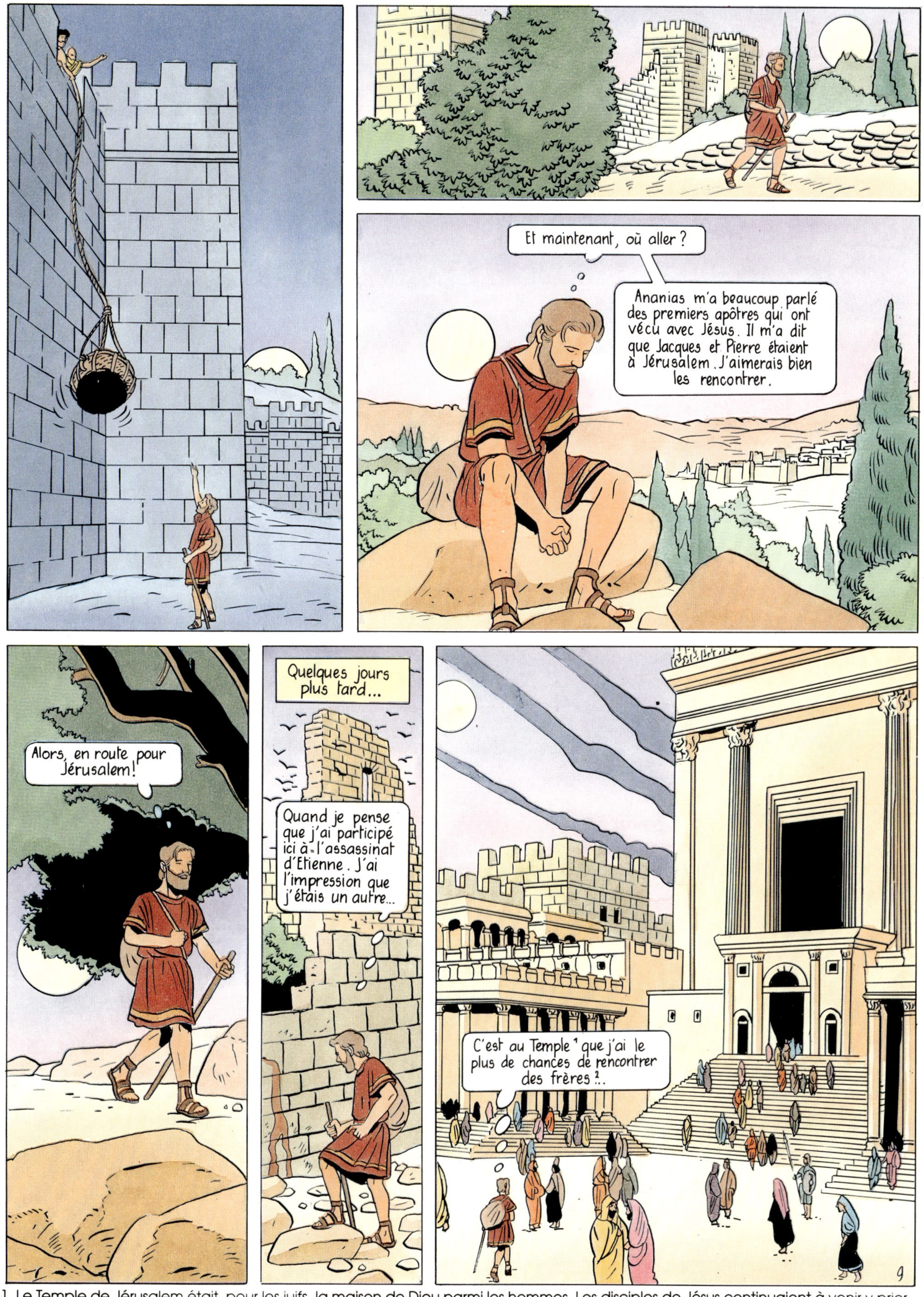

1. Le Temple de Jérusalem était, pour les juifs, la maison de Dieu parmi les hommes. Les disciples de Jésus continuaient à venir y prier.
2. C'est ainsi que les disciples de Jésus s'appelaient entre eux.

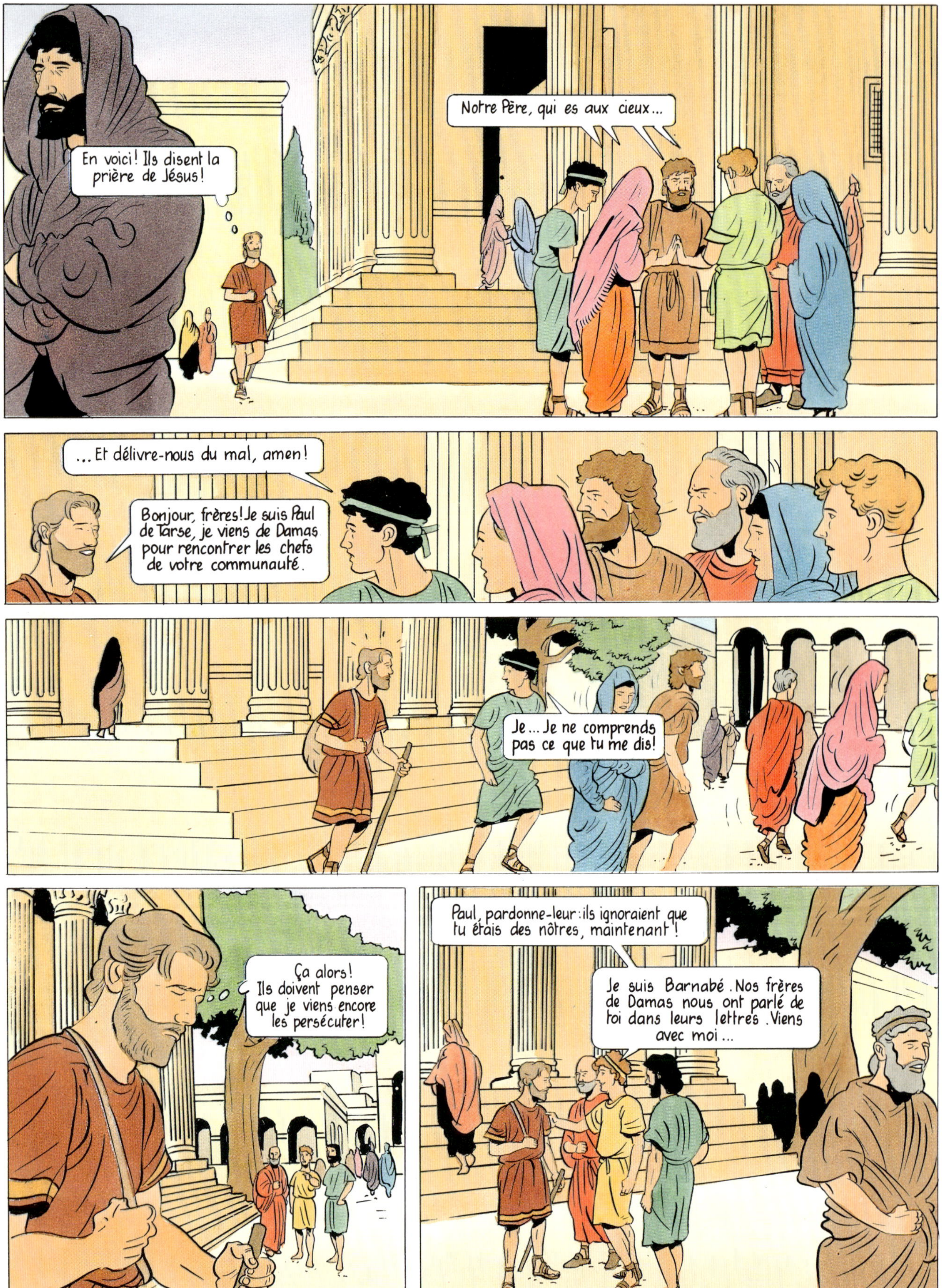
En voici! Ils disent la prière de Jésus!
Notre Père, qui es aux cieux...
...Et délivre-nous du mal, amen!
Bonjour, frères! Je suis Paul de Tarse, je viens de Damas pour rencontrer les chefs de votre communauté.
Je... Je ne comprends pas ce que tu me dis!
Ça alors! Ils doivent penser que je viens encore les persécuter!
Paul, pardonne-leur: ils ignoraient que tu étais des nôtres, maintenant!
Je suis Barnabé. Nos frères de Damas nous ont parlé de toi dans leurs lettres. Viens avec moi...
10

Voici Pierre, et Jacques !
Et voici Marie de Magdala que Jésus avait guérie.
J'aimerais que vous me racontiez tout ce que vous avez vécu avec Jésus, tout ce qu'il vous a dit !
Jésus disait que le royaume de Dieu est semblable au grain du sénevé, la plus petite des graines, qui devient un arbre immense où les oiseaux font leur nid...
C'était la veille de sa mort. Nous étions, tous ses apôtres, ici avec lui. Il a pris du pain et du vin...
Quand je suis venue ici au petit matin, j'ai vu le tombeau ouvert.
J'ai pleuré en pensant qu'on avait volé le corps de Jésus. Mais à ce moment-là, je l'ai vu vivant devant moi.
Alors, on a commencé à croire que Dieu avait ressuscité Jésus.
Quinze jours plus tard...
Pierre, quand je priais, Jésus m'a dit de partir chez les peuples qui ne connaissent pas encore Dieu.
Justement, tes anciens compagnons ont appris ta présence et te réservent le même sort qu'à Etienne. Il vaut mieux que tu quittes Jérusalem.
Paul est retourné travailler à Tarse. Un jour...
Salut à toi, frère !
Barnabé ! Que viens-tu faire ici ?
Je t'emmène ! J'ai besoin de toi pour aider nos frères d'Antioche à faire connaître Jésus !
11

1. A cette époque, l'empire de Rome s'étendait tout autour de la Méditerranée. 2. Christ veut dire « consacré par Dieu » en grec, comme « Messie » en hébreu. 3. Eglise veut dire communauté.

Paul, Barnabé et Marc sont revenus à Antioche.
Seigneur, notre communauté s'agrandit. Inspire-nous ce que nous devons faire pour te faire mieux connaître...
Paul et Barnabé, Dieu vous choisit pour partir sur les chemins du monde...
Bientôt...
Vous voyagerez facilement à travers l'Empire romain ; c'est le même passeport, la même monnaie et la même langue partout !
La mer est calme, vous atteindrez sans peine l'île de Chypre...
Au revoir, Siméon, Lucius et Manahem !
Ne t'inquiète pas, Marc, je connais bien Chypre : j'y suis né !
13

Ainsi commence, vers l'an 45, la première "mission" de Paul autour de la Méditerranée.
Je te baptise au nom de Dieu, notre Père, de son fils Jésus et de l'Esprit qui nous fait vivre...
Ne revenez jamais raconter vos sottises ici !
Je ne crois plus à tous les dieux de notre religion. Parle-moi donc de ton Dieu...
ATTENTION ! Des brigands nous poursuivent !
PLUS VITE, MARC !
HÉ ! Qu'est-ce-que c'est ?
Debout, Marc ! Nous avons beaucoup de chemin à faire !
Pardonnez-moi, je n'ai plus la force de continuer avec vous...
Dommage !
Mais tu pourras donner de nos nouvelles à nos frères de Jérusalem !
14

1. Zeus et Hermès étaient des dieux grecs.

Quelque temps plus tard, dans la même ville...
Cet homme est dangereux pour notre religion !
Il faut le supprimer !
À MORT !
Si ce n'est pas un dieu, c'est un sorcier !
AAAHH !
Il a son compte !
Ne laissons pas son corps ici !
Oui, jetons-le hors de la ville !
OH ! Pourvu que...
16

Paul, tu m'entends !?
Mon Dieu, il est mort...
Tout va bien... il en faudrait plus pour me tuer...
Ouf ! Je vais t'emmener loin d'ici et te soigner !
Après huit heures de route...
Où suis-je ?...
Nous arrivons à Derbé. Je vais chercher un médecin.
Il faudra rester allongé plusieurs mois. Et vous garderez de belles cicatrices !
Mais je ne vais pas rester à rien faire !
Bientôt...
Vous êtes le temple de Dieu, son Esprit habite en vous.
Au bout d'un an...
Adieu, frères ! Faites connaître Jésus autour de vous, comme je vous l'ai fait connaître !
17

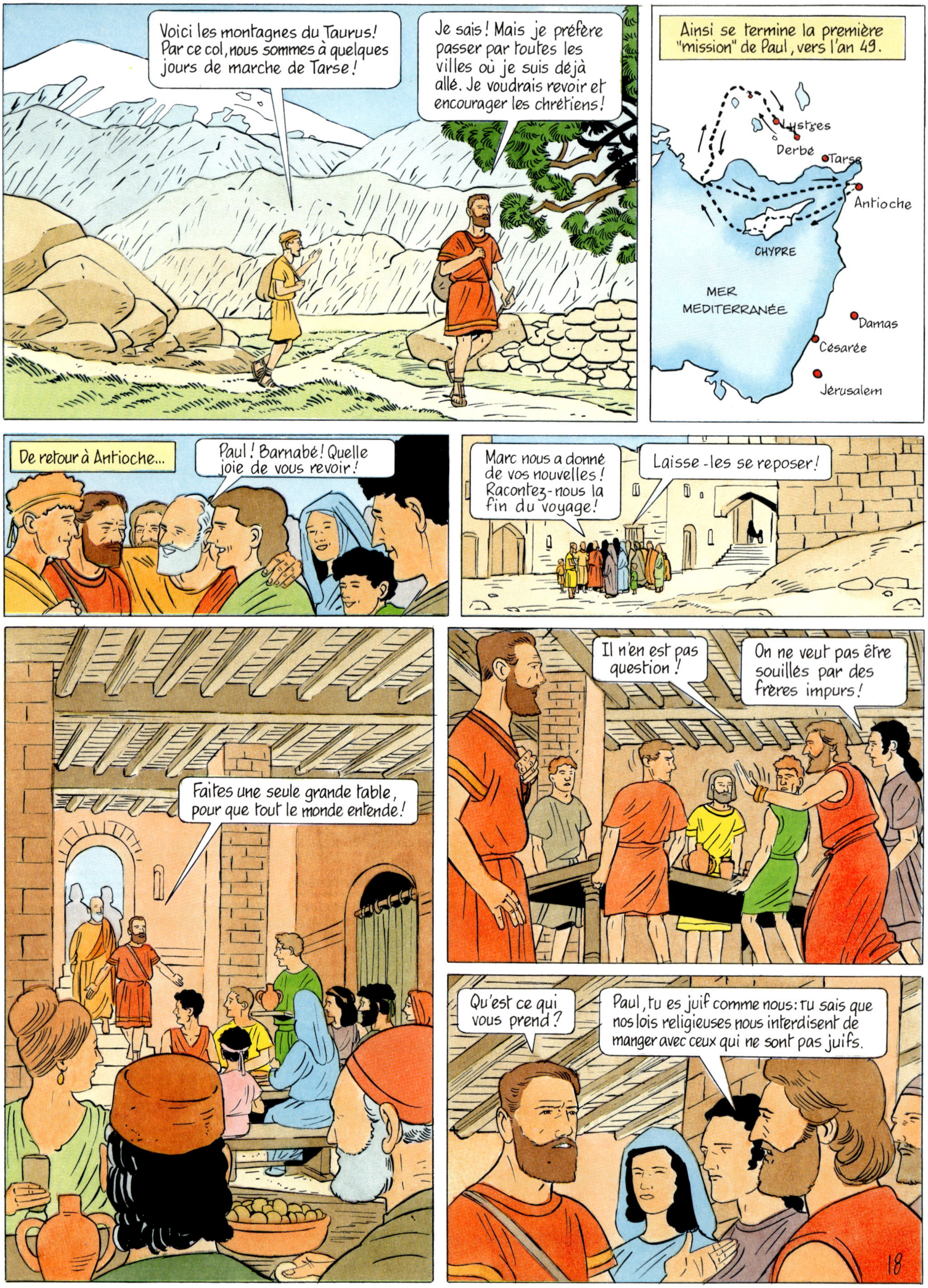
Voici les montagnes du Taurus! Par ce col, nous sommes à quelques jours de marche de Tarse!
Je sais! Mais je préfère passer par toutes les villes où je suis déjà allé. Je voudrais revoir et encourager les chrétiens!
Ainsi se termine la première "mission" de Paul, vers l'an 49.
Lystres
Derbé
Tarse
Antioche
CHYPRE
MER MEDITERRANÉE
Damas
Césarée
Jérusalem
De retour à Antioche...
Paul! Barnabé! Quelle joie de vous revoir!
Marc nous a donné de vos nouvelles! Racontez-nous la fin du voyage!
Laisse-les se reposer!
Faites une seule grande table, pour que tout le monde entende!
Il n'en est pas question!
On ne veut pas être souillés par des frères impurs!
Qu'est ce qui vous prend?
Paul, tu es juif comme nous: tu sais que nos lois religieuses nous interdisent de manger avec ceux qui ne sont pas juifs.

Il n'y a plus de différence entre juifs et non-juifs ! Nous sommes tous devenus chrétiens !
Si ! Avant d'être baptisé, il faut d'abord devenir juif en obéissant aux lois religieuses juives !
Et vous, qu'en pensez-vous ?
Euh... on ne sait pas très bien !
C'est un problème grave. Il faut en parler avec les apôtres et les autres responsables chrétiens.
J'irai à Jérusalem !
En attendant, mangeons ! J'ai une faim de loup !
Plus tard, à Jérusalem...
Jésus n'a jamais dit qu'il fallait supprimer les lois de la religion juive !
Mais il a dit d'aller annoncer l'amour de Dieu à tous les hommes !
Je peux en témoigner : j'ai rencontré l'Esprit de Dieu chez beaucoup de non-juifs. On ne peut pas leur imposer nos règles ! Qu'en penses-tu, Pierre ?
Je suis d'accord avec Paul. Seule la foi en Jésus compte !
19

Après de longues discussions...
Bien! Je suis heureux que nous soyons arrivés à nous mettre d'accord!
Écrivons une lettre à toutes les Églises pour leur faire connaître notre décision.
Bonne idée!
Allez-y! J'ai de quoi écrire!
Salut à nos frères d'Antioche et d'ailleurs. Nous avons appris que certains chrétiens voulaient vous imposer leurs idées...
Cette réunion très importante évita la division entre des chrétiens différents. Elle fut le premier "concile" dans l'histoire de l'Église.
Quelque temps plus tard, de retour à Antioche...
Alors, Paul?
Bonne nouvelle! Je vous lirai cette lettre avant le repas!
"L'Esprit saint et nous-mêmes avons décidé ceci : ne mangez pas la viande des sacrifices, et évitez de faire le mal. Si vous faites cela, vous agissez bien. Adieu!"
Vous voyez bien : Jésus n'est pas venu pour séparer, mais pour réunir...
Ah! Ah! Ah!
20

Quelque temps plus tard...
Barnabé, je ne tiens plus en place. Dieu m'appelle à voyager toujours plus loin, pour le faire connaître !
J'irai là où tu veux, Paul ! Et mon neveu Marc est prêt à se joindre à nous !
Marc ? Non ! Il n'est pas assez robuste pour nous suivre !
Dans ce cas, je ne pars pas avec toi ! Désolé...
Bientôt, Paul part pour un deuxième grand voyage avec un autre compagnon, Silas, tandis que Barnabé et Marc retournent à Chypre.
Après plusieurs étapes, Paul a pris la mer.
Nous arrivons enfin en terre grecque !
Dans la ville de Philippes...
Voulez-vous nous écouter ? Nous voudrions vous parler d'un homme appelé Jésus...
Plus tard...
Vos paroles m'ont touché le cœur ! Je m'appelle Lydie. Venez chez moi : Je voudrais être baptisée avec toute ma famille.

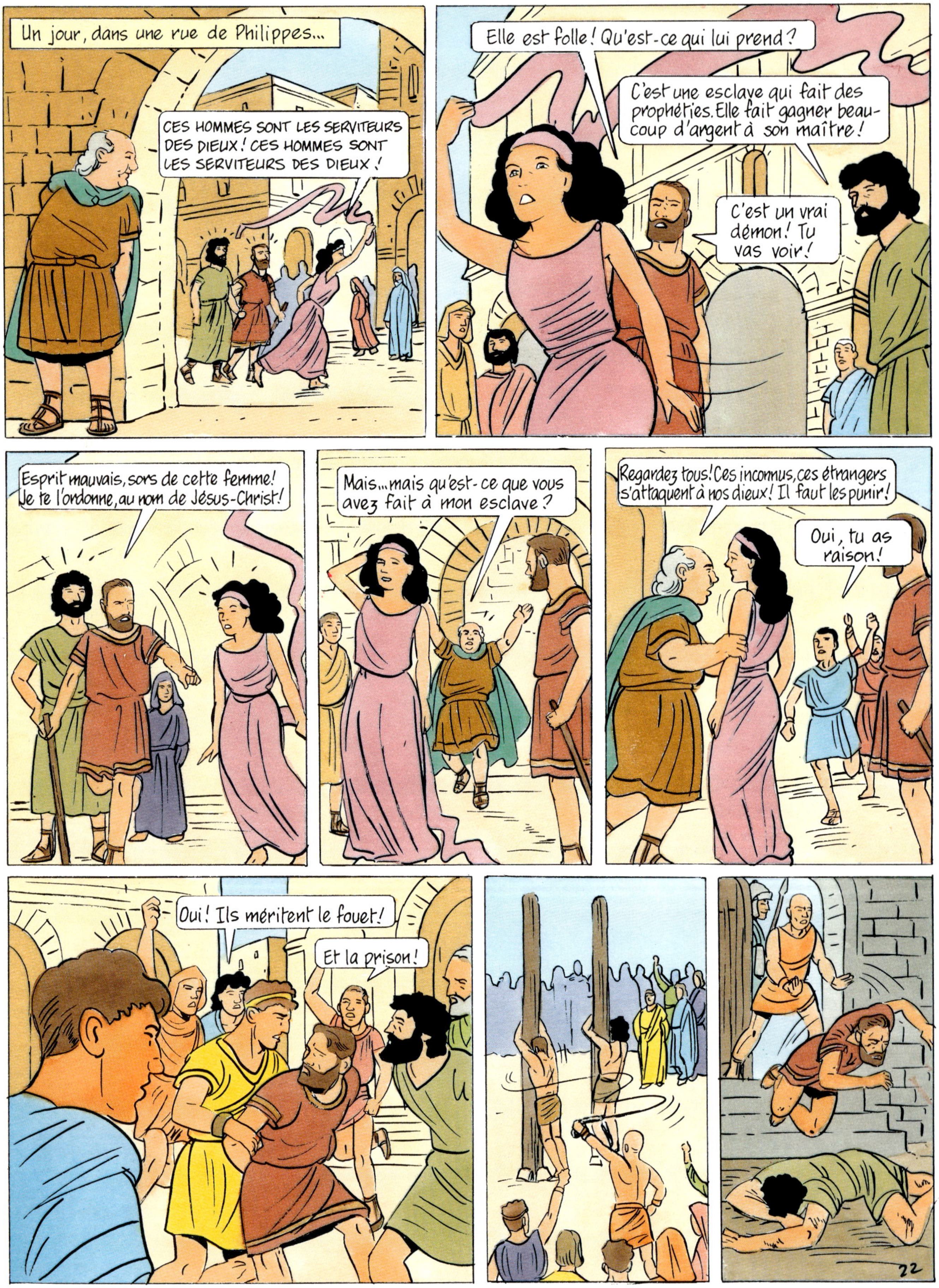
Un jour, dans une rue de Philippes...
CES HOMMES SONT LES SERVITEURS DES DIEUX ! CES HOMMES SONT LES SERVITEURS DES DIEUX !
Elle est folle ! Qu'est-ce qui lui prend ?
C'est une esclave qui fait des prophéties. Elle fait gagner beaucoup d'argent à son maître !
C'est un vrai démon ! Tu vas voir !
Esprit mauvais, sors de cette femme ! Je te l'ordonne, au nom de Jésus-Christ !
Mais... mais qu'est-ce que vous avez fait à mon esclave ?
Regardez tous ! Ces inconnus, ces étrangers s'attaquent à nos dieux ! Il faut les punir !
Oui, tu as raison !
Oui ! Ils méritent le fouet !
Et la prison !
22

Au milieu de la nuit...
Prions pour nous donner du courage...
Que se passe-t-il?
Un tremblement de terre!
Oh! La porte est ouverte! Les prisonniers se sont échappés! Je vais être puni!
Mieux vaut mourir tout de suite!
ARRÊTE! Nous sommes toujours là!
Oh merci!
Messieurs, que dois-je faire pour être sauvé?
Crois au Seigneur Jésus, et tu seras sauvé, toi et tous les tiens!
Venez chez moi, je vais vous soigner. Et vous, vous me parlerez de ce Jésus!
23

Ainsi, Paul leur fait découvrir l'Évangile de Jésus.
Au petit matin...
Vous nous avez ouvert les yeux: Nous voulons suivre Jésus, le Christ. Baptisez-nous...
J'ai de nouveaux ordres! Libère les prisonniers, mais qu'ils partent de la ville discrètement!
Quoi! On nous a jetés en prison sans même nous juger, nous, des citoyens romains!
Nous ne partirons d'ici qu'avec les excuses des autorités de la ville!
B... bien! Je vais le leur dire!
Ainsi...
C'est une regrettable erreur. Nous vous faisons toutes nos excuses!
Et quelques jours plus tard...
Et restez unis entre vous, dans l'amour de Dieu!
24

Après plusieurs étapes, Paul a quitté son compagnon Silas et se dirige vers Athènes.
Vous ne connaissez pas Athènes? C'est la capitale des arts, de la philosophie et de la religion! Je vous la ferai visiter.
Regardez toutes ces superbes statues de dieux et ces temples magnifiques!
On dit qu'ici, il est plus facile de rencontrer un dieu qu'un homme! Ah! Ah! Ah!
Et ça, c'est quoi?
Ça, c'est parce que les Grecs ont peur d'oublier un dieu. Alors ils lui font un monument.
AU DIEU INCONNU
Bientôt...
Écoutez-moi!
Tiens, un étranger!
Approchons-nous!
Athéniens! Vous êtes des hommes très religieux. Ce "dieu inconnu" que vous adorez, c'est le Dieu qui a créé l'univers. Il nous a parlé à travers un homme, qu'il a ressuscité des morts.
Ressuscité? N'importe quoi!
Comment croire un tel bobard!
Ah! Ah! Ah! Quel baratineur!
Ils sont trop sûrs d'eux-mêmes pour s'ouvrir à la lumière de Dieu...
25

Déçu, Paul se rend à Corinthe.
Corinthe est connue pour ses plaisirs et pour sa misère. Je serai peut-être mieux écouté...
Auriez-vous du travail pour moi ? Je m'appelle Paul, et je sais tisser la toile.
Oui, j'ai besoin d'un ouvrier. Entre !
Je m'appelle Aquilas, et ma femme Priscille. Tu pourras loger chez nous.
En travaillant, Paul leur parle de sa foi. Bientôt, Priscille et Aquilas demandent le baptême.
Le soir, Paul parle aux matelots, aux ouvriers, aux prostituées. Beaucoup deviennent chrétiens.
Jésus a toujours été du côté des pauvres, des rejetés, des malheureux.
Un jour...
Bonjour Paul ! Je suis venu avec Timothée.
Silas ! Entre vite !
Donne-moi des nouvelles de nos frères !
26

Ça ne va pas bien à Thessalonique. Nos frères comprennent de travers le message de Jésus...
Ils disent que la fin du monde est pour bientôt, et que ce n'est plus la peine de travailler.
Que faire?
Eh bien, nous allons leur écrire!
Timothée, demain tu achètes des papyrus, de l'encre, et des plumes... En attendant, au lit!
Le lendemain soir...
Écris: "Paul, Silas et Timothée à l'église de Thessalonique qui est en Dieu et en Jésus..."
Hé! Pas si vite!
"... Lisez cette lettre à tous nos frères. Et que la paix de Jésus Christ soit avec vous. Amen."
Ouf! J'ai mal aux doigts!
Vous leur porterez dès que vous le pourrez!
Laisse-nous nous reposer quand même!
Cette longue lettre, écrite vers l'an 51, est le plus ancien texte chrétien qui nous soit parvenu. On a conservé quatorze autres lettres ou "épîtres" de Paul. Toutes ces lettres sont dans la Bible. Aujourd'hui encore, elles aident les chrétiens à vivre la foi...

Après un séjour de dix-huit mois à Corinthe, Paul se rend à Éphèse.
Voici donc le fameux temple de la déesse Artémis!
Achetez une Artémis en or! Votre maison sera protégée!
Demandez mes formules magiques contre les maladies!
Il n'y a pas de dieux dans ces statuettes et ces formules magiques! Dieu est dans votre coeur!
En quelques mois, Paul fait de nombreux chrétiens.
Si ça continue, plus personne n'adorera Artémis! Ce Paul nous met au chômage!
Démétrios a raison! Débarrassons-nous de Paul!
Tous au théâtre!
À MORT PAUL!
Livrons les chrétiens aux lions!
En voici! Emmenons-les!
Que se passe-t-il?
Ils veulent nous tuer!
Je vais leur parler!
Tu es fou! Tu seras mort avant d'avoir dit un mot!
Du calme! Respectez les lois romaines! Si vous avez une plainte contre ces gens, adressez-vous aux tribunaux!
Tout va bien! L'émeute est finie!
Mais il vaut mieux que je quitte cette ville...
28

1. A l'époque, Rome était la capitale de l'empire romain qui s'étendait tout autour de la Méditerranée.

Le lendemain...
Je suis heureux de te revoir, Jacques, après toutes ces années!
Paul, raconte-nous tes voyages!
À la fin du récit de Paul...
Remercions Dieu pour les merveilles qu'il a accomplies à travers toi!
Quelques jours plus tard, au Temple...
Je le reconnais: c'est lui, le traître!
Voici l'homme qui détruit notre religion et qui souille notre Temple!
Débarrassons-nous de lui!
À MORT! À MORT!
PLACE!
Enchaînez-le et emmenez-le à la forteresse! Vite!
30

1. Les Romains, qui occupaient la Palestine, laissaient les juifs rendre la justice sauf s'il s'agissait de citoyens romains.

Après plusieurs semaines...
Quelle tempête ! Amenez les voiles ! Jetez la cargaison à la mer ! Que les passagers s'attachent !
N'ayez pas peur ! Nous en sortirons vivants !
Nous coulons ! Tous à la mer, nous sommes tout près d'une côte !
CRAAAC !
Plusieurs mois plus tard...
Rome, enfin ! D'ici, la lumière de l'Évangile va pouvoir rayonner de plus en plus loin...
Paul reste deux ans prisonnier à Rome. Le récit de sa vie s'arrête là dans la Bible.
On pense qu'il fut décapité à Rome vers l'an 63...
32

Les fatigues, les prisons,
les coups, les dangers mortels...,
j'ai connu tout cela bien des fois.
Cinq fois j'ai reçu des juifs
des coups de fouet,
trois fois j'ai subi la bastonnade,
une fois on a voulu me tuer
en me jetant des pierres.
Trois fois j'ai fait naufrage,
et j'ai passé tout un jour
et toute une nuit perdu en mer.
Pendant mes nombreux voyages à pied,
j'ai connu les dangers des fleuves,
les dangers des brigands,
les dangers du côté de mes frères juifs
et ceux du côté des non-juifs.
J'ai été en danger dans les villes,
en danger dans les déserts,
en danger sur la mer,
et en danger parmi des faux frères.
J'ai connu la fatigue et la peine,
souvent j'ai passé des nuits sans sommeil,
j'ai eu faim, j'ai eu soif,
j'ai souffert du froid,
j'ai manqué de vêtements.
Et, sans parler du reste,
ma seule préoccupation fut le souci
de toutes les communautés chrétiennes.

Saint Paul,
Deuxième lettre aux Corinthiens,
chapitre 11, versets 23 à 28.

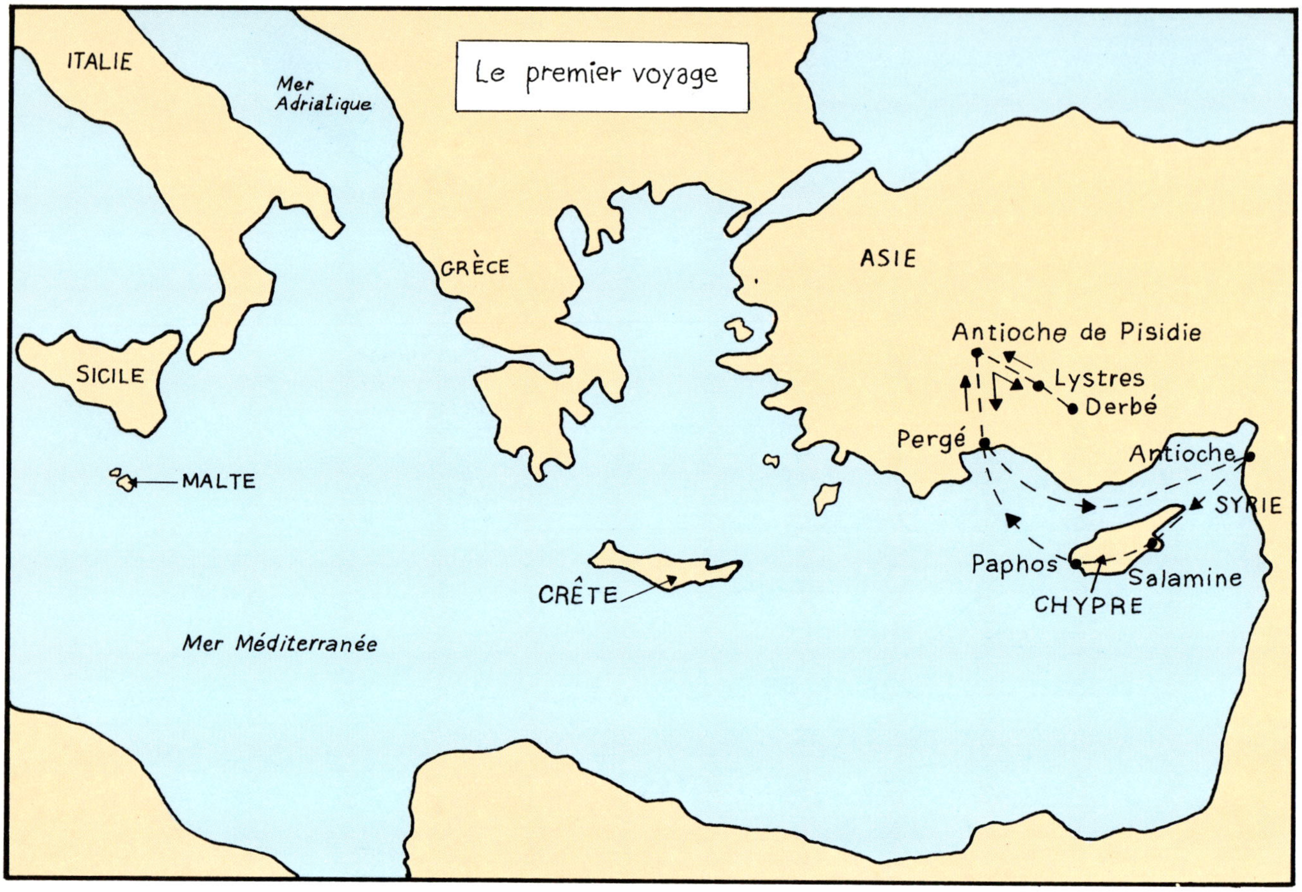
Le premier voyage
ITALIE
Mer Adriatique
GRÈCE
ASIE
SICILE
MALTE
Antioche de Pisidie
Lystres
Derbé
Pergé
Antioche
SYRIE
Paphos
Salamine
CHYPRE
CRÊTE
Mer Méditerranée

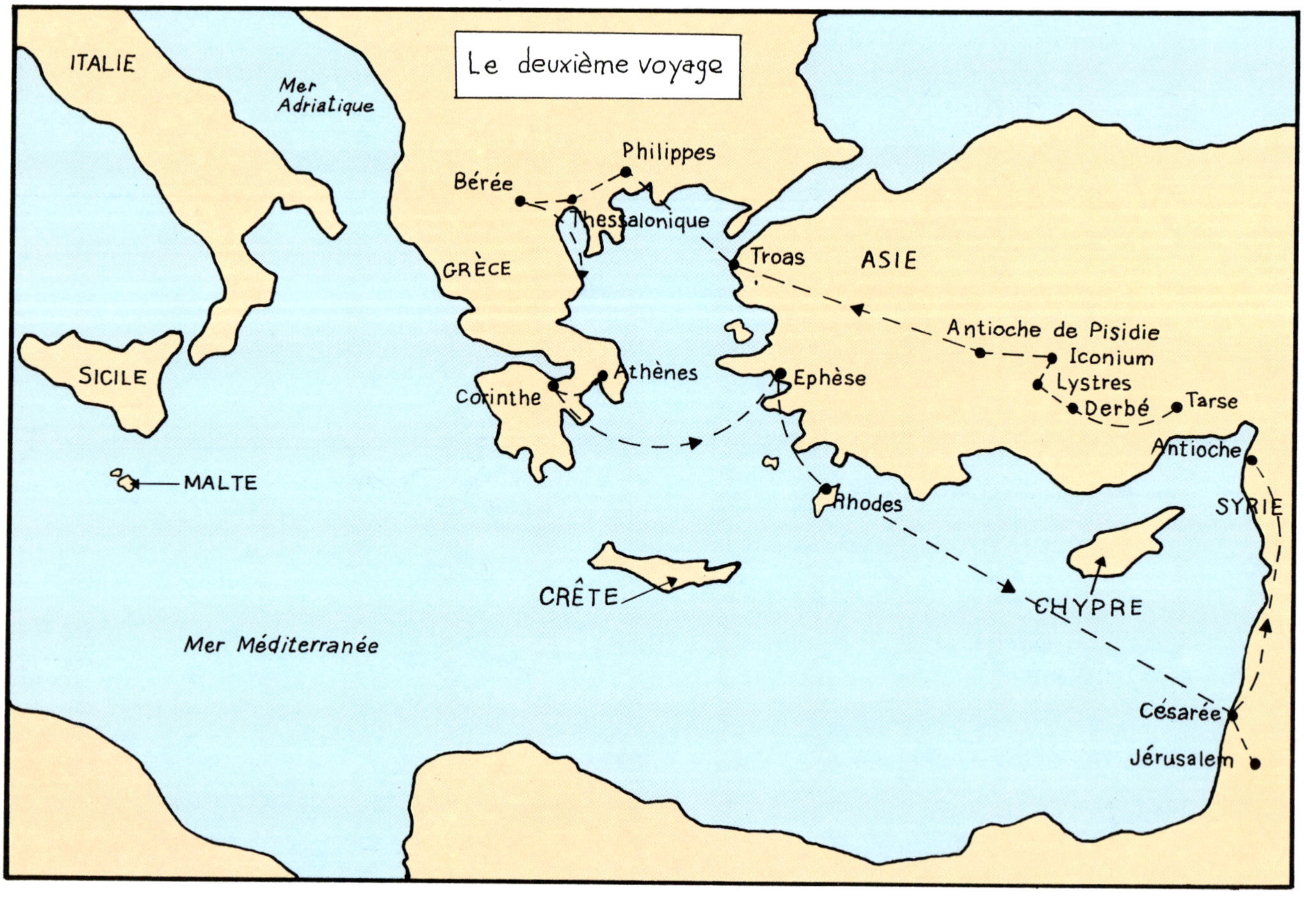
Le deuxième voyage
ITALIE
Mer Adriatique
Philippes
Bérée
Thessalonique
GRÈCE
Troas
ASIE
SICILE
Antioche de Pisidie
Iconium
Lystres
Derbé
Tarse
Athènes
Éphèse
Corinthe
Antioche
MALTE
Rhodes
SYRIE
CRÊTE
CHYPRE
Mer Méditerranée
Césarée
Jérusalem

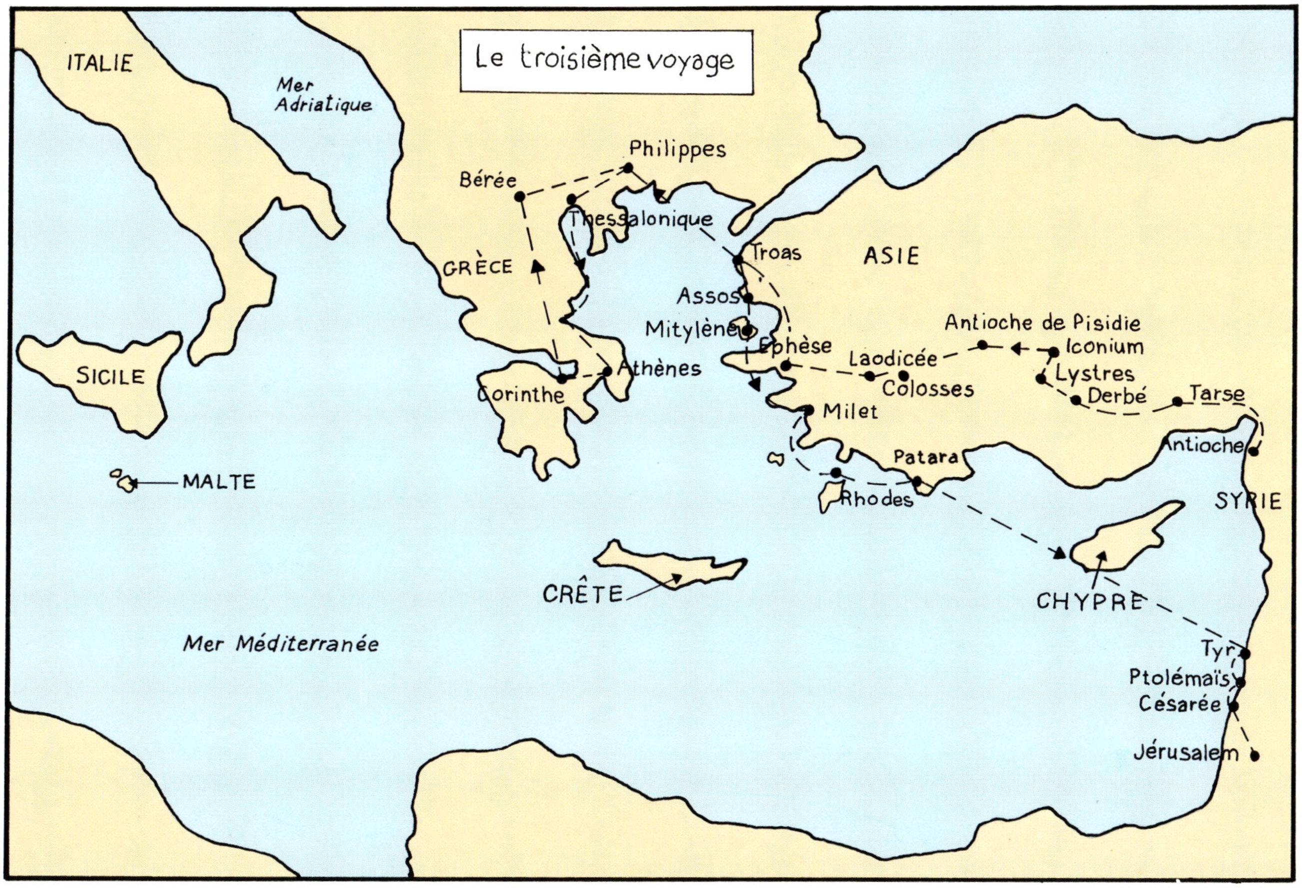
Le troisième voyage
ITALIE
Mer Adriatique
Philippes
Bérée
Thessalonique
GRÈCE
Troas
ASIE
Assos
Mitylène
Éphèse
Antioche de Pisidie
Iconium
Laodicée
Colosses
Lystres
Derbé
Tarse
SICILE
Athènes
Corinthe
Milet
Antioche
Patara
MALTE
Rhodes
SYRIE
CHYPRE
CRÊTE
Mer Méditerranée
Tyr
Ptolémaïs
Césarée
Jérusalem

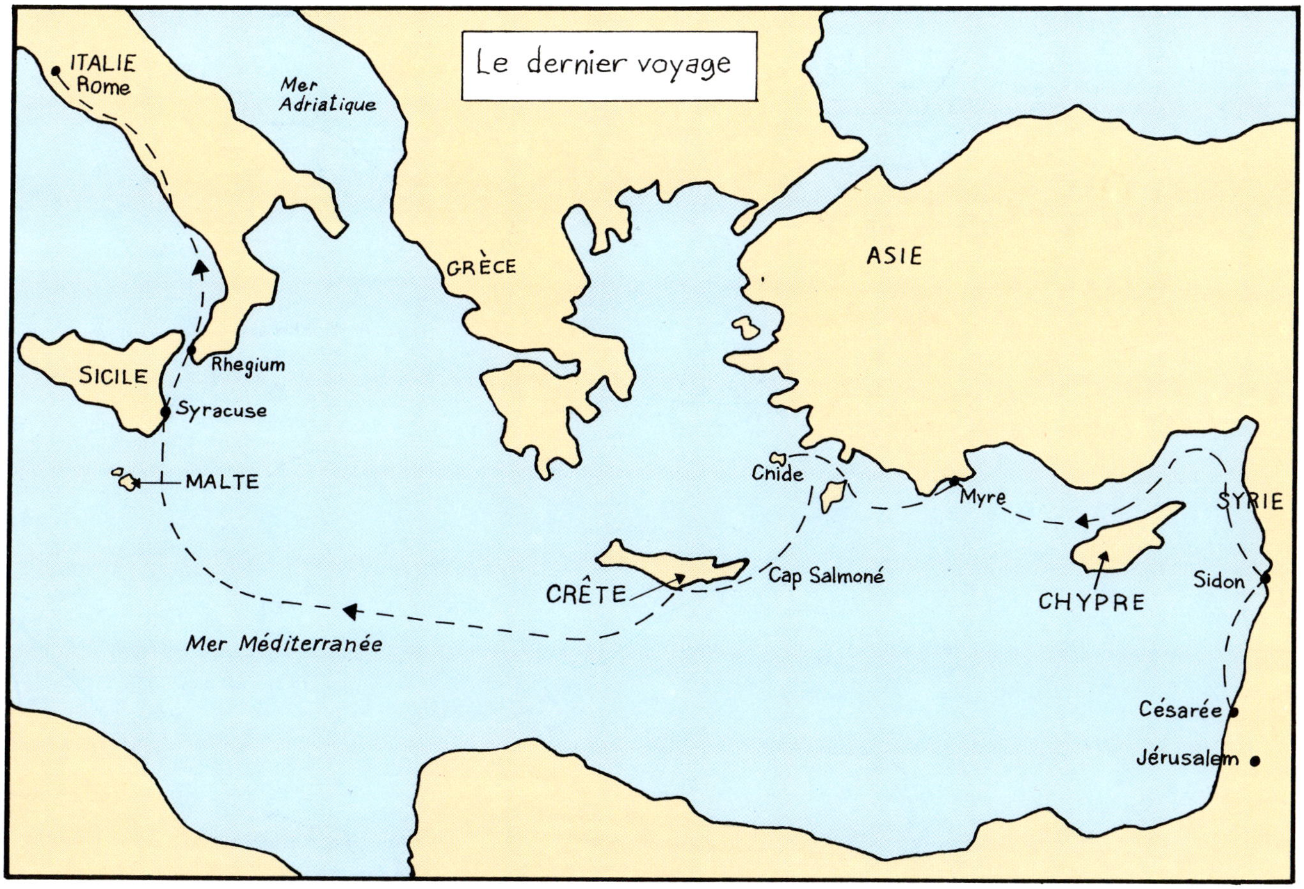
Le dernier voyage
ITALIE
Rome
Mer Adriatique
GRÈCE
ASIE
SICILE
Rhegium
Syracuse
MALTE
Cnide
Myre
SYRIE
CRÊTE
Cap Salmoné
Sidon
CHYPRE
Mer Méditerranée
Césarée
Jérusalem

Dans la collection
LES CHERCHEURS DE DIEU

TOME 1
Mère Teresa / Don Bosco / Matteo Ricci

TOME 2
L'Abbé Pierre / Pauline Jaricot / Xavier de Nicolo

TOME 3
Sœur Emmanuelle / Joseph Wresinski / Le père Popieluszko

TOME 4
Saint Vincent de Paul / Sœur Rosalie / Jean XXIII

TOME 5
Jean-Paul II / Bernadette Soubirous

TOME 6
Marie, mère de Jésus

TOME 7
Saint François d'Assise

TOME 8
Saint Paul, le voyageur

TOME 9
Jeanne d'Arc / Bartolomé de las Casas

TOME 10
Saint Louis / Sainte Claire

TOME 11
Saint Benoît / Marie Guyart / Ignace de Loyola

TOME 12
Saint Pierre / Saint Étienne

TOME 13
Charles de Foucauld

TOME 14
Martin Luther King

et aussi
Jésus en bande dessinée